FELIX MENDELSSOHN

1809 – 1847

6 Lieder ohne Worte

6 Songs Without Words · 6 Chansons sans paroles

für Klavier
for Piano
pour Piano

opus 62

Herausgegeben von / Edited by / Edité par
André Terebesi

ED 09902
ISMN 979-0-001-17641-5

Mainz · London · Berlin · Madrid · New York · Paris · Prague · Tokyo · Toronto

Frau Dr. Clara Schumann geb. Wieck zugeeignet

Sechs Lieder ohne Worte

Felix Mendelssohn
1809–1847
opus 62/1

Felix Mendelssohn
op. 62/2

Allegro con fuoco

2

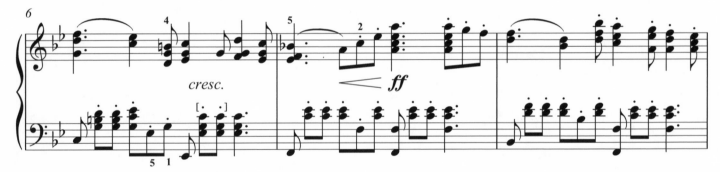

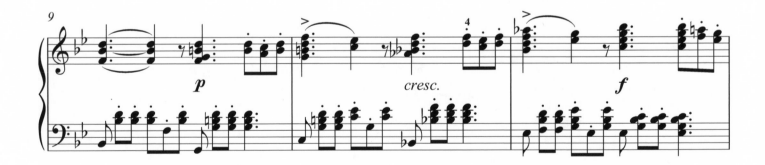

09902

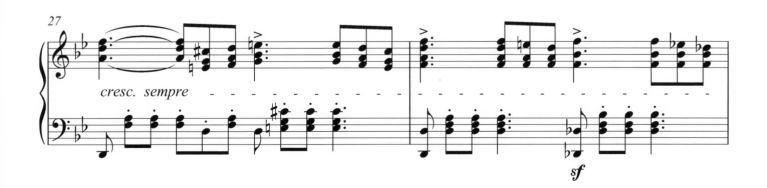

09902

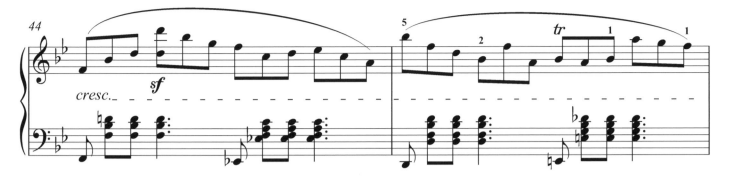

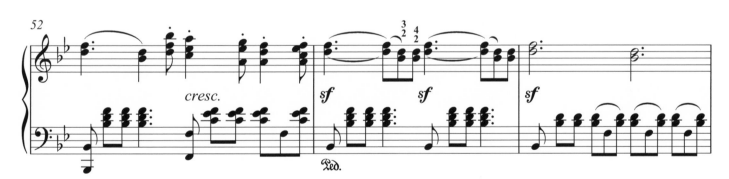

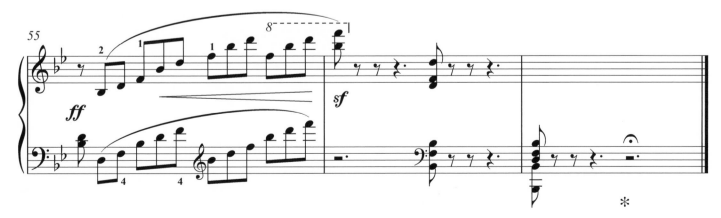

09902

Felix Mendelssohn
op. 62/3

Andante maestoso

3

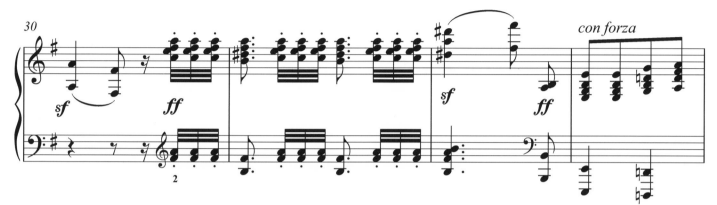

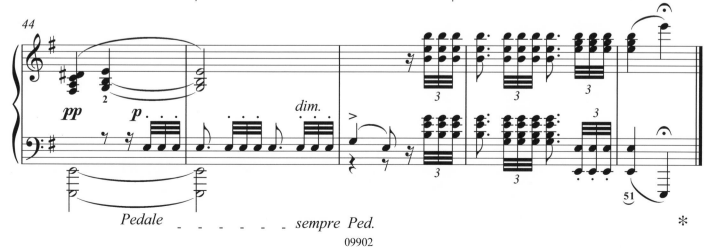

Felix Mendelssohn
op. 62/4

Allegro con anima

4

Mit vieler Innigkeit vorzutragen

09902

Venetianisches Gondellied

Felix Mendelssohn
op. 62/5

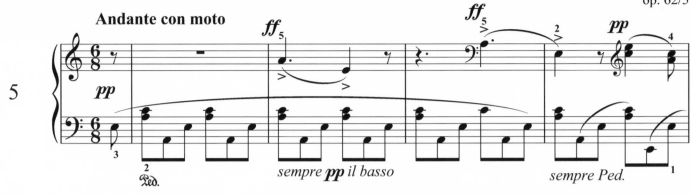

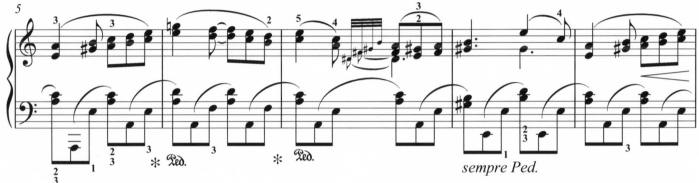

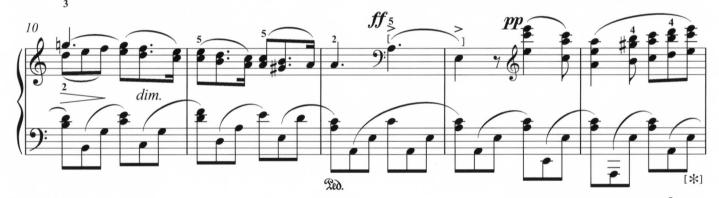

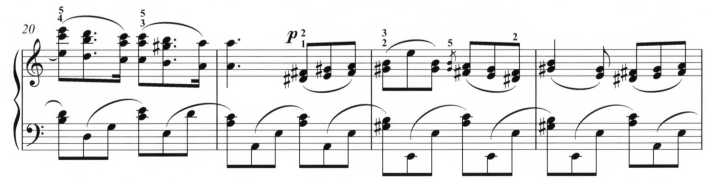

09902

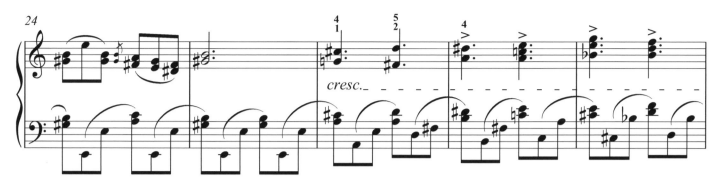

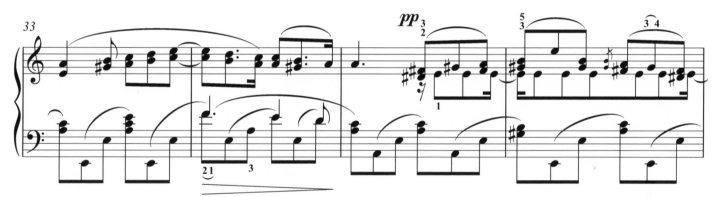

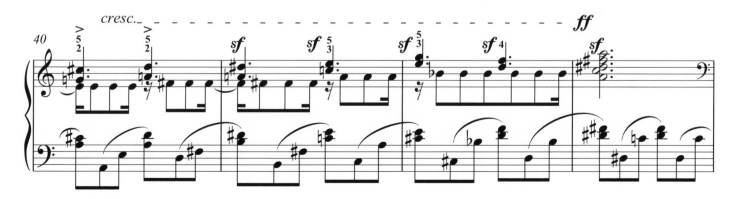

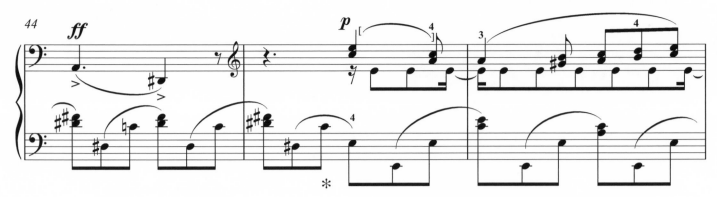

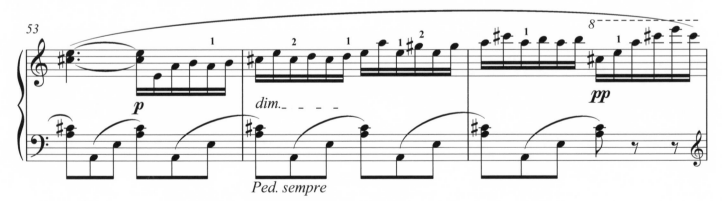

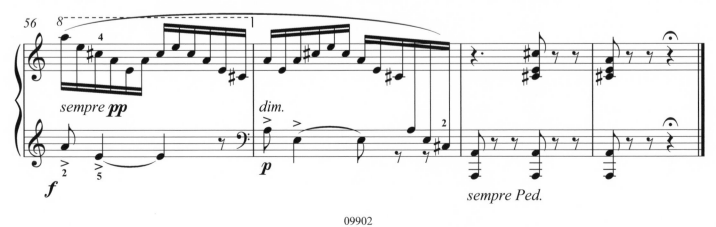

Felix Mendelssohn
op. 62/6

Allegretto grazioso

6

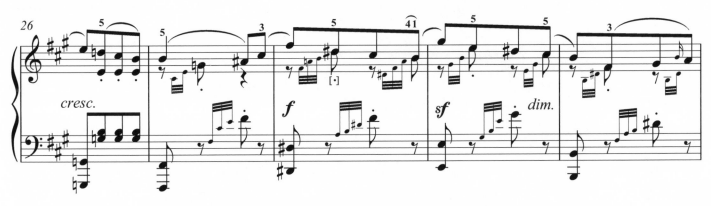

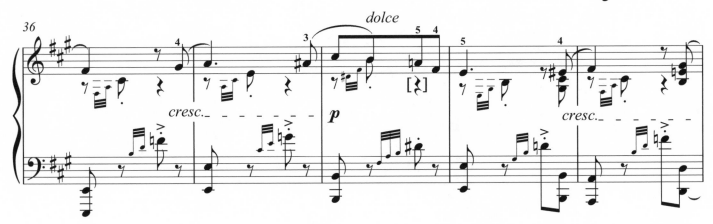

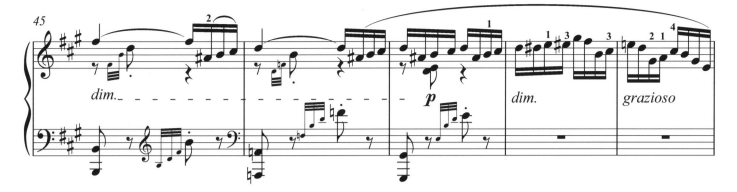

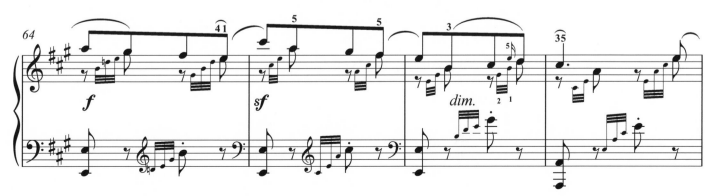

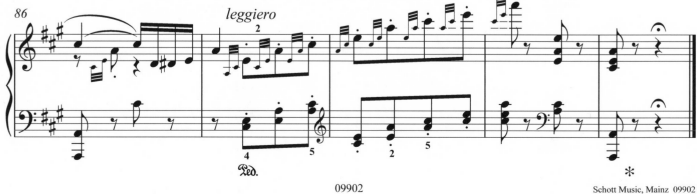

Schott Music, Mainz 09902